Ute Spinnrath

Laubsägearbeiten
Dekorative Ideen

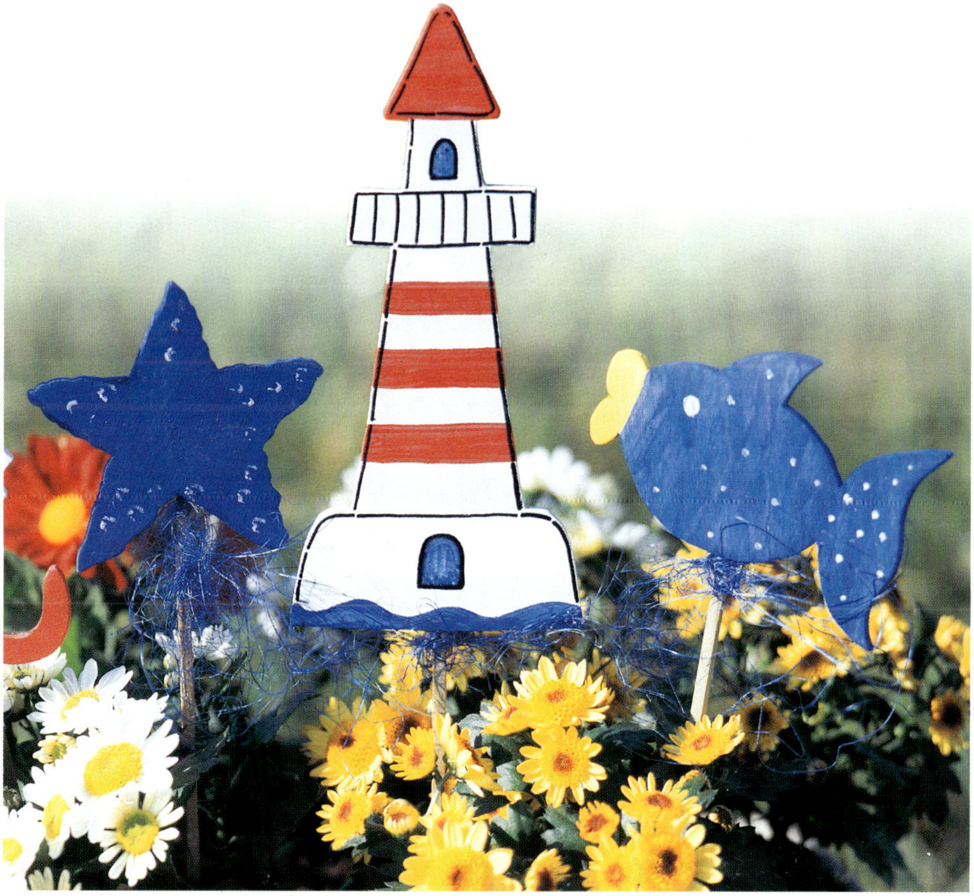

ENGLISCH VERLAG

Die Deutsche Bibliothek – CIP-Einheitsaufnahme
Laubsägearbeiten: dekorative Ideen / Ute Spinnrath. – Wiesbaden: Englisch, 2000
ISBN 3-8241-0933-6

© by Englisch Verlag GmbH, Wiesbaden 2000
ISBN 3-8241-0933-6
Alle Rechte vorbehalten. Nachdruck, auch auszugsweise, verboten.
Fotos: Frank Schuppelius
Herstellung: Michael Feuerer
Printed in Spain

Inhaltsverzeichnis

Vorwort

Mit diesem Buch stelle ich Ihnen viele unterschiedliche Laubsägearbeiten vor. Besonders reizvoll ist die Kombination reiner Holzsägearbeiten mit anderen dekorativen Materialien. Sie können Ihre farblich gestalteten Laubsägearbeiten wunderbar mit Resten aus Ihrer Bastelkiste wie mit Moosgummi, Holzperlen, Bändern und Jute ergänzen. Sie werden erkennen, dass Ihre Holzstücke gerade dadurch eine besondere Ausstrahlung erhalten.

In diesem Buch finden Sie Laubsägemotive zum Nacharbeiten, mit denen Sie das ganze Jahr über zum Beispiel Fenster, Wände und Blumentöpfe dekorieren können. Am besten ist es, wenn Sie Ihre Säge gar nicht erst beiseite legen, so kommen Sie nicht aus der Übung.

Alle vorgestellten Dekorationen lassen sich sowohl manuell mit der Laubsäge als auch mit der elektrischen Dekupiersäge anfertigen.

Ich wünsche Ihnen viel Spaß beim Sägen

Ihre Ute Spinnrath

Material und Werkzeug

Zum Nacharbeiten der vorgestellten Laubsägearbeiten benötigen Sie:

- Sperrholz, Ø 4 mm wenn nicht anders angegeben
- wasserlösliche Abtönfarben (im Hobby-Fachhandel oder im Baumarkt erhältlich)
- Laubsäge und feine Laubsägeblätter oder Dekupiersäge
- Schleifpapier, grobe und feine Körnung
- Flach- und Rundpinsel zum Bemalen
- Heißklebepistole
- Klebstoff
- feine und dicke Lackstifte in Schwarz und Weiß zum Konturieren
- feiner Holzbohrer
- Pappe und Kohlepapier für Schablonen
- Bleistift und Schere
- zusätzliches Deko-Material wie Moosgummi, Holzperlen, Bänder, Jute und Wackelaugen (Hobby-Fachhandel)
- Draht
- evtl. Fön

Darüber hinaus finden Sie bei jedem Motiv eine detaillierte Auflistung der verwendeten Materialien.

Arbeitsanleitung

Fertigen Sie sich zunächst mit Hilfe des Vorlagebogens eine Schablone für das gewünschte Motiv an. Legen Sie Kohlepapier über Ihre Pappe, und legen Sie den Vorlagebogen mit dem ausgewählten Motiv darüber. Dann umfahren Sie mit Bleistift die Kontur und übertragen dabei die Umrisslinien vom Vorlagebogen auf Pappe. Schneiden Sie die Pappschablone entlang der Umrisslinie aus. Selbstverständlich können Sie die vorgegebenen Größen mit dem Kopierer je nach Wunsch vergrößern oder verkleinern. Legen Sie die Schablone auf das Sperrholz, und umfahren Sie sie mit Bleistift. Nun können Sie entlang der Bleistiftlinie sägen. Nach dem Aussägen des Motivs schmirgeln Sie sowohl die Holzoberfläche als auch die Kanten sorgfältig glatt. Die Mühe lohnt sich, denn je intensiver Sie die Flächen schleifen, desto gezielter können Sie sie bemalen und mit dem Lackstift konturieren. Außerdem verläuft die Farbe nicht, was sonst auf einer rauen Holzoberfläche passieren würde. Lassen Sie die Farbe trocknen. Mit einem Fön können Sie den Trocknungsvorgang beschleunigen. Anschließend können Sie Ihr Motiv mit Bändern, Perlen, Jute und anderen Materialien zusätzlich dekorieren. Achten Sie dabei darauf, dass Sie Wackelaugen nur mit Klebstoff aufkleben, da Sie sich verformen, wenn Sie eine Heißklebepistole verwenden. Satinbänder ziehen Sie durch Bohrlöcher, indem Sie sich aus Draht eine Schlinge biegen, die Sie dann wie eine Nadel verwenden.

Frühjahr

1. Hase Raffzähnchen

Material
- ✦ Sperrholz, Ø 15 mm
- ✦ Lackstifte in Weiß und Schwarz
- ✦ 3 Holzperlen in Natur und 3 Holzperlen in Weiß, Ø 15 mm
- ✦ 6 Holzperlen in Gelb und 3 Holzperlen in Blau, Ø 12 mm
- ✦ 3 Holzperlen in Natur, Ø 10 mm
- ✦ Naturbast
- ✦ Kunstbast in Blau
- ✦ 2 Holzhühner, lackiert
- ✦ Satinband in Rot, Ø 5 mm, 30 cm lang
- ✦ Heißklebepistole

Die Schnurrbarthaare werden aus Bast angeklebt. Für das Stirnband flechten Sie etwas Bast und setzen eine rote Satinschleife darauf. Schneiden Sie drei unterschiedlich lange blaue Bastfäden zu (25, 45 und 35 cm lang), und fädeln Sie Holzperlen, zwei weitere Bastschleifen, Eier und Hühner daran auf. Die Bastfäden werden durch die Bohrlöcher des Hasen gezogen. Verknoten Sie sie, und knoten Sie weitere Holzperlen an die herabhängenden Bastenden. Fädeln Sie einen 90 cm langen Bastfaden durch das Bohrloch auf der Stirn des Hasen, und knoten Sie für die Aufhängung eine Schlinge.

Anleitung
Sägen Sie den Hasen und die Eier aus, und bohren Sie die auf dem Vorlagebogen eingezeichneten Löcher. Schmirgeln Sie die Holzteile glatt. Dann malen Sie mit Lackstift das Gesicht des Hasen sowie die Arme.

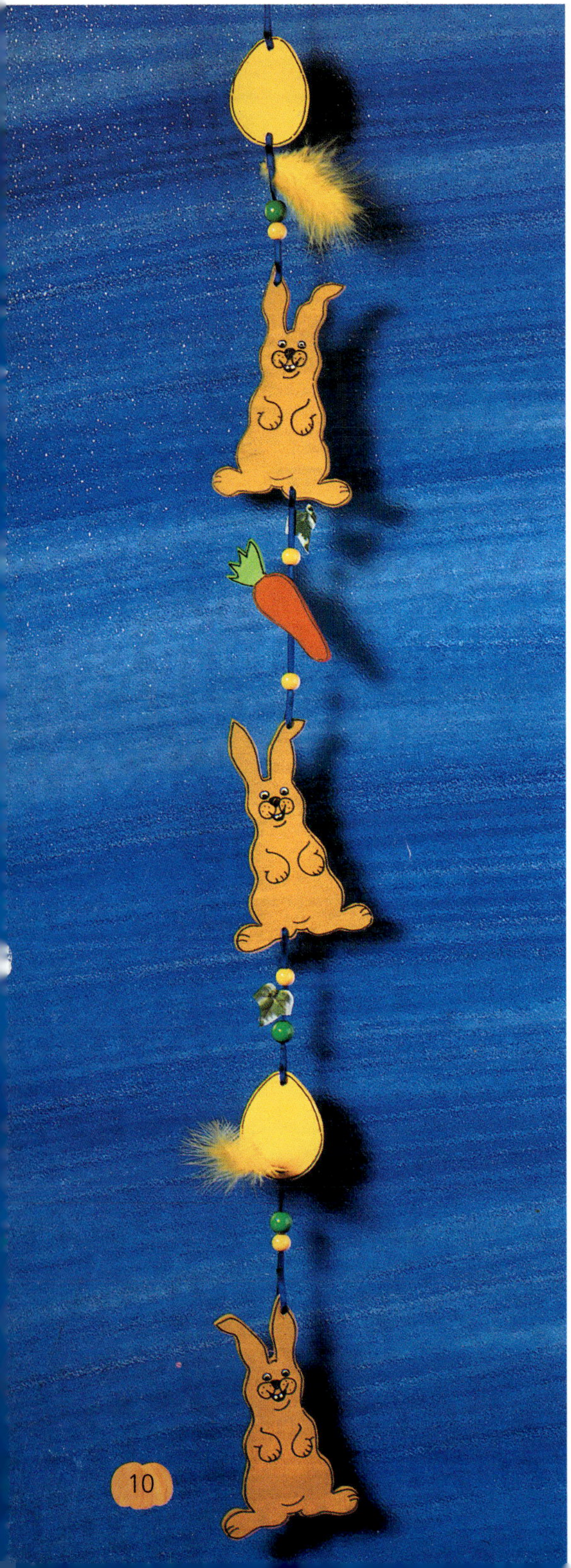

2. Osterband

Material
- Sperrholz, Ø 4 mm
- 2 kleine Efeublätter
- 2 Federn in Gelb
- 3 Holzperlen in Grün, Ø 10 mm
- 5 Holzperlen in Gelb, Ø 7 mm
- Satinband in Blau, 3 mm breit und 62 cm lang
- Abtönfarbe in Hellbraun, Gelb, Hellgrün und Orange
- Lackstifte in Weiß und Schwarz
- Heißklebepistole und Klebstoff

Anleitung

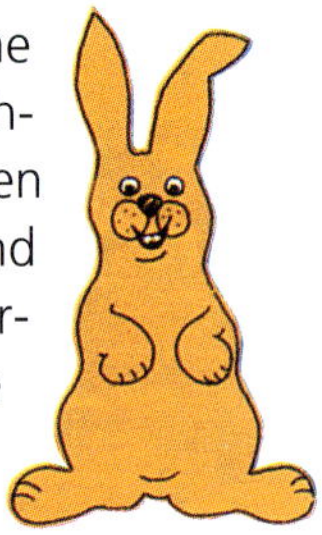

Sägen Sie drei Hasen, eine Möhre und zwei Eier aus. Achten Sie darauf, dass die Hasen abwechselnd oben links und unten rechts durchbohrt werden. Versehen Sie auch die Eier mit Bohrlöchern. Nach dem Schmirgeln bemalen Sie die Motive. Wenn Sie die Hasen beidseitig bemalen, sieht dieses Band am Fenster von innen und außen sehr schön aus.

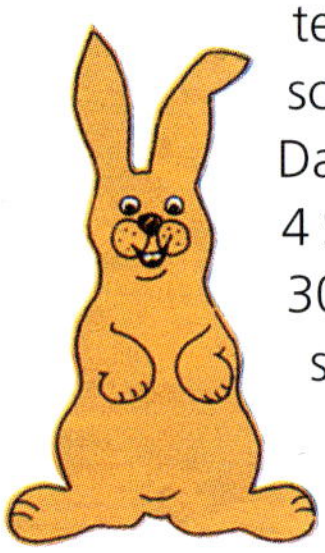

Das blaue Satinband wird in 4 Stücke zu je 8 cm und einem 30 cm langen Stück aufgeschnitten.

Verbinden Sie die Holzelemente mit den 8 cm langen Stücken, und fädeln Sie dabei die Holzperlen mit auf. Möhre, Federn und Efeublätter kleben Sie auf die Satinbandstücke.

Das 30 cm lange Satinband befestigen Sie an dem oberen Ei und knoten für die Aufhängung eine Schlinge.

. Herzen

Material

+ Sperrholz, Ø 4 mm
+ Abtönfarbe in Blau und Gelb
+ Kordeln in Blau und Gelb, je 1 m lang
+ Satinband in Blau, 0,3 mm breit und 55 cm lang
+ Satinband in Gelb, 0,3 mm breit und 30 cm lang
+ je 2 Holzperlen in Blau und Rot, Ø 10 mm
+ 2 Federn in Grün
+ Holzstreuteile: 4 Teddys und 4 Hühner
+ Heißklebepistole und Klebstoff

Anleitung

Nachdem Sie die Herzen ausgesägt haben, bohren Sie die vorgesehenen Löcher. Schleifen Sie die Oberflächen glatt, und bemalen Sie die Herzen beidseitig mit Gelb und Blau. Ist die Farbe getrocknet, umkleben Sie die Herzen mit Kordel, indem Sie Heißkleber Stück für Stück auf die Holzkanten streichen. Mit den restlichen Kordelstucken können Sie die Herzflächen gestalten. Mit Klebstoff fixieren Sie vorn und hinten die Holzstreuteile.

Verbinden Sie die Herzen mit gelbem Satinband (20 cm lang), ziehen Sie dabei zwei Holzperlen auf. Das restliche gelbe Satinband befestigen Sie am unteren Herzen. Ziehen Sie dabei die letzten beiden Perlen auf. Das blaue Satinband bringen Sie am oberen Herzen an. Knoten Sie für die Aufhängung eine Schlinge. Zum Schluss kleben Sie die Federn an.

4. Hasenpärchen

Anleitung

Sägen Sie die Hasen aus, und schleifen Sie sie glatt. Achten Sie darauf, dass Sie auch die Linie für die Beine nachsägen. Dann tragen Sie mit Lackstift die Bemalung auf. Schneiden Sie die Juteteile für die Hüte sowie die Lederhose zu. Die Lederhose konturieren Sie mit dem schwarzen Lackstift, die Jutestücke mit Filzstift. Verwenden Sie Klebstoff, um die Lederhose, die Träger, den Hosenlatz und die Jutestücke aufzukleben.

Schneiden Sie das Kleid mit der Zickzackschere zu, und verzieren Sie es mit einer grünen und einer weißen Satinschleife. Der Hasenjunge erhält als Krawatte ein mit der Zickzackschere geschnittenes Band (ca. 14 cm lang), das in der Mitte geknickt und vorn mit einem weißen Satinband geschmückt wird. Schneiden Sie mit der Zickzackschere ein dünnes Band aus Baumwollstoff zu, das von Hosenträger zu Hosenträger reicht, und fixieren Sie darauf die Krawatte.

Für die Gesichter kleben Sie die Wackelaugen sowie für die Schnurrbarthaare ca. 7 cm lange Baststücke auf.

5. Häschen als Blumenstecker

Material

- ◆ Sperrholz, ⌀ 4 mm
- ◆ Rest Moosgummi in Weiß
- ◆ 2 Wackelaugen
- ◆ Naturbast und Kokosfasern
- ◆ Holzkugel, ⌀ 14 mm
- ◆ Holzstab, 30 cm lang
- ◆ 1 Holzmöhre
- ◆ Satinband in Blau, 3 mm breit und ca. 60 cm lang
- ◆ 2 verschieden gemusterte Schleifenbänder, 1 cm breit und ca. 25 cm lang sowie 2,5 cm breit und ca. 50 cm lang
- ◆ Abtönfarbe in Hellbraun
- ◆ Lackstift in Schwarz
- ◆ Heißklebepistole und Klebstoff

Anleitung

Wenn Sie den Hasenkopf ausgesägt haben, schleifen Sie die Oberflächen glatt und bemalen ihn beidseitig in Braun. Schneiden Sie die Moosgummiteile für Ohren und Gesicht zu, und kleben Sie sie auf, nachdem der Anstrich getrocknet ist. Dann zeichnen Sie die Konturen mit Lackstift. Kleben Sie die Kokosfasern als Haarbüschel zwischen die Ohren, und ziehen Sie Bastfäden durch die Holzkugel, die Sie als Nase fixieren. Bringen Sie auch die Wackelaugen an. Zum Schluss kleben Sie den Holzstab mit der Heißklebepistole an den Hinterkopf. Danach binden Sie mit dem breiten Band eine Schleife, die Sie mit dem dünneren Schleifenband an den Holzstab knoten. Die Schleife aus Satinband kleben Sie darauf. Kleben Sie die Möhre an das Satinband.

Sommer

6. Apfelband

Anleitung

Zuerst sägen Sie die Äpfel aus, dann bohren Sie die Löcher und schleifen Oberflächen und Kanten glatt. Bemalen Sie die Äpfel, und ziehen Sie einige Pinselstriche mit Rot und Gelb in die noch feuchte grüne Grundfarbe. Lassen Sie die Farbe trocknen.

Für den Wurm kleben Sie aus Jute eine Rolle. Falten Sie vorn ein Dreieck, das Sie nach unten zur Längsnaht umschlagen und festkleben. Füllen Sie die Rolle mit Füllwatte, und fixieren Sie die Wackelaugen. Das offene Wurmende fixieren Sie mit der Heißklebepistole auf dem Apfel.

Fädeln Sie die Perlen auf das Satinband. Legen Sie mit einem Knoten eine Schlaufe, sodass die beiden Enden des Satinbandes herabhängen. Befestigen Sie an jedem Ende einen Apfel. Dann kleben Sie die Efeublätter an und knoten das Feenhaar um die Apfelstiele.

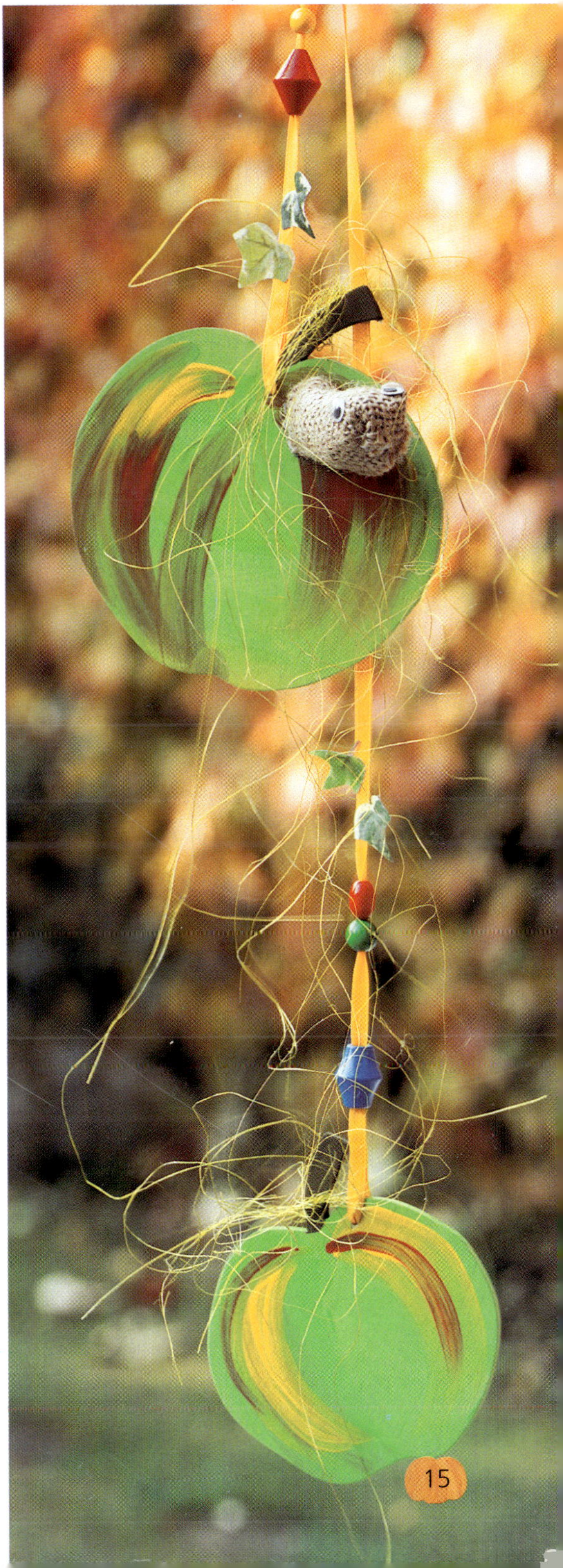

7. Fisch und Seepferdchen

Material

+ Sperrholz, Ø 4 mm
+ je einen Holzstab, 30 cm lang
+ Feenhaar in Blau
+ Lackstifte in Weiß und Schwarz
+ Abtönfarbe in Weiß, Rot, Gelb und Blau
+ Heißklebepistole

Anleitung

Für diese Blumenstecker sägen Sie Fisch und Seepferdchen aus. Dann schleifen Sie die Holzteile glatt und bemalen die Teile auf beiden Seiten. Lassen Sie die Farbe trocknen. Mit dem Lackstift malen Sie die Augen sowie die Punkte des Fisches. Kleben Sie jeweils auf der Hinterseite den Holzstab an, und knoten Sie das Feenhaar an den Stab.

8. Leuchtturm und Seestern

Material
◆ Sperrholz, Ø 4 mm
◆ je einen Holzstab, 30 cm lang
◆ Feenhaar in Blau
◆ Lackstifte in Weiß und Schwarz
◆ Abtönfarbe in Weiß, Rot und Blau
◆ Heißklebepistole

Anleitung

Nachdem Sie Leuchtturm und Seestern für diese Blumenstecker ausgesägt haben, schmirgeln Sie die Kanten und Oberflächen glatt. Bemalen Sie dann die beiden Teile von vorn und hinten gemäß der Abbildung. Sobald die Farbe getrocknet ist, ziehen Sie die Konturlinien des Leuchtturms mit schwarzem Lackstift, die Konturen des Seesterns malen Sie mit weißem Lackstift auf. Fixieren Sie von hinten je einen Holzstab an Leuchtturm und Seestern. Zum Schluss wird Feenhaar an jeden Holzstab geknotet.

9. Balduin, der badende Rabe

Material

- ✦ Sperrholz, Ø 4 mm
- ✦ Holzstab, 30 cm lang
- ✦ Abtönfarbe in Schwarz, Weiß, Gelb und Rot
- ✦ Lackstifte in Weiß und Schwarz
- ✦ Heißklebepistole

Anleitung

Sägen Sie Balduin aus, schleifen Sie das Holz glatt, und tragen Sie die Bemalung auf. Von hinten ist der Rabe bis auf die Badehose ganz schwarz. Ist die Farbe getrocknet, malen Sie mit Lackstift die Konturen. Dann befestigen Sie mit Hilfe der Heißklebepistole den Holzstab hinter einem Bein des Raben.

10. Ferdinand, der Frosch

Material

+ Sperrholz, Ø 4 mm
+ Rest Moosgummi in Weiß
+ 2 Schleifenbänder je 35 cm lang
+ dünner Draht
+ Lackstift in Schwarz
+ Heißklebepistole
+ Abtönfarbe in Grün und Braun

Anleitung

Sägen Sie den Frosch mit Ast aus, und schleifen Sie Oberflächen und Kanten glatt. Dann bemalen Sie das Holz beidseitig. Der Frosch wird genau gegengleich gearbeitet, sodass Sie vier Augen aus Moosgummi zuschneiden müssen. Ziehen Sie die Konturlinien mit Lackstift, sobald die Grundfarbe getrocknet ist. Kleben Sie dann auch die Augen auf. Die Pupillen werden mit Lackstift gemalt. Legen Sie die beiden Bänder zu Schleifen, halten Sie sie mit Draht zusammen, und kleben Sie die Schleifen auf Vorder- und Rückseite des Frosches auf.

Herbst

11. Vogelscheuche und Kürbis

Material

- ✦ Sperrholz, Ø 4 mm
- ✦ je einen Holzstab, 30 cm lang
- ✦ Naturbast
- ✦ Abtönfarbe in Gelb, Braun, Orange, Schwarz und Weiß
- ✦ Feenhaar in Orange
- ✦ Lackstift in Schwarz
- ✦ Heißklebepistole

Anleitung

Sägen Sie den Kürbis und die Vogelscheuche für die Blumenstecker aus, und schleifen Sie die Kanten und Oberflächen glatt. Dann bemalen Sie Vogelscheuche und Kürbis. Beide Stecker werden von vorn und hinten gestaltet. Nachdem die Farbe getrocknet ist, zeichnen Sie die Konturen des Raben mit Lackstift. Kleben Sie nun die Baststücke auf. Für die Vogelscheuche schlingen Sie Feenhaar um den Hals und kleben es vorn über dem Baststück fest. Kleben Sie etwas Feenhaar auf die Stirn des Kürbisses. Anschließend fixieren Sie die Holzstäbe hinter die beiden Motive und knoten Feenhaar an den Stab des Kürbissteckers.

12. Igel

Material
- Sperrholz, Ø 4 mm
- Satinband in Gelb, Ø 5 mm, ca. 20 cm lang
- Feenhaar in Grün
- Abtönfarbe in Grün, Rot, Hell- und Dunkelbraun, Schwarz und Weiß
- Lackstift in Schwarz

Anleitung

Sägen Sie den Igel aus, und schleifen Sie anschließend die Oberflächen glatt. Malen Sie Äpfel, Laub und Igel in den entsprechenden Farben an. Die Lichtreflexe auf den Äpfeln setzen Sie mit weißer Farbe. Lassen Sie die Farbe gut trocknen. Mit dem Lackstift malen Sie die Konturen und das Auge auf. Bohren Sie oben ein Loch, und ziehen Sie das Satinband durch. Zum Schluss knoten Sie das Feenhaar an das Satinband.

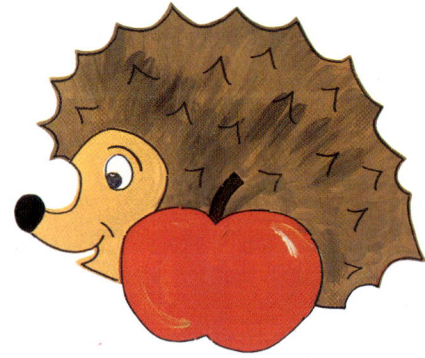

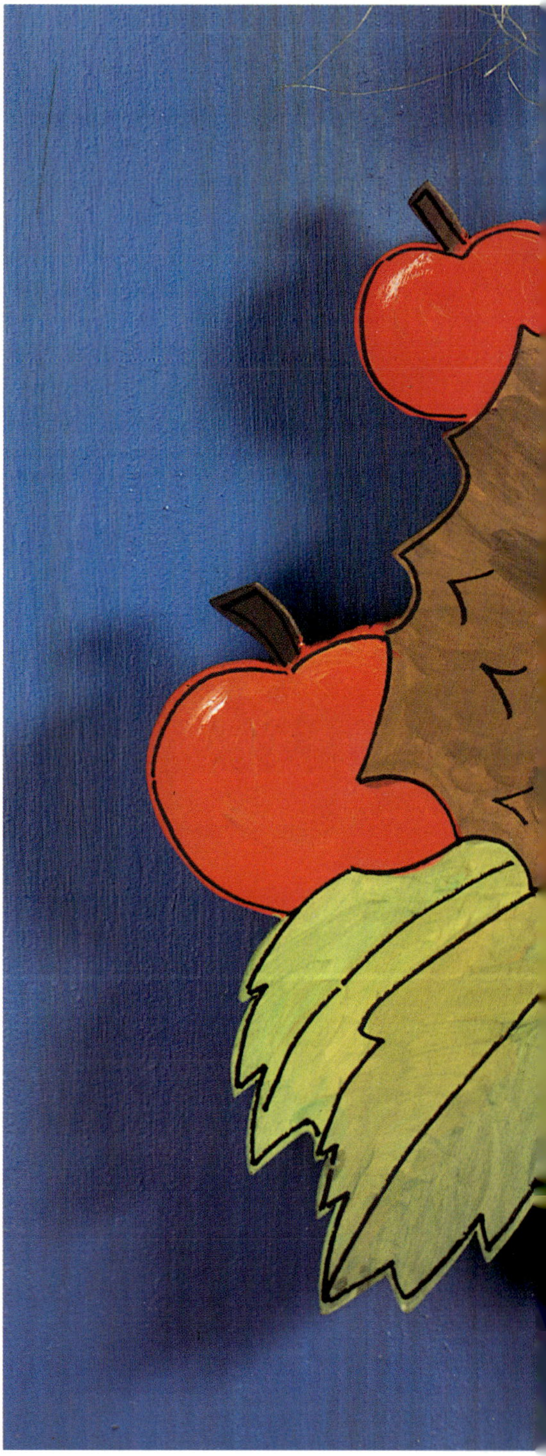

13. Drachen

Material
- ✦ Sperrholz, Ø 4 mm
- ✦ Naturbast
- ✦ Makramee- oder Jutegarn in Rot, Blau und Braun
- ✦ 4 Schleifenbänder, je 1,5 cm breit und 35 cm lang sowie 1 Stück 2 cm lang
- ✦ Heißklebepistole und Klebstoff
- ✦ dünner Draht

Anleitung

Nachdem Sie den Drachen ausgesägt haben, bohren Sie unten und oben ein Loch. Schmirgeln Sie dann das Holz glatt. Durch die Löcher ziehen Sie blaue Garnstränge durch, die Sie verknoten. Das Band für die Aufhängung ist ca. 40 cm lang, das untere Band ist ca. 50 cm lang.

Setzen Sie in gleichmäßigen Abständen fünf Knoten in das Band für den Schwanz des Drachen. Auf den ersten vier Knoten fixieren Sie die Bänder, die Sie zuvor mit Draht zu Schleifen zusammengefasst haben. Kleben Sie nun das Gesicht des Drachen auf. Auf die Ecken fixieren Sie Bastschleifen, Nase und Augen bestehen aus Makrameegarn. Legen Sie dafür lange Fäden doppelt, und verknoten Sie sie mehrmals miteinander, bis Sie die gewünschte Größe erhalten. Ersatzweise können Sie auch Wackelaugen aufkleben und mit rotem Filzstift eine Nase malen.

Zum Schluss kleben Sie das übriggebliebene kleine Stück Schleifenband auf das Gesicht.

Winter

14. Winterband

Material

- Sperrholz, Ø 4 mm
- 3 Holzperlen in Weiß, Ø 12 mm
- 3 Holzperlen in Rot, Ø 10 mm
- 3 Holzperlen in Blau, Ø 7 mm
- 5 Stücke Satinband in Weiß, je 3 mm breit und 8 cm lang und 1 Stück 25 cm lang
- Watte
- 12 Wackelaugen
- Lackstift in Schwarz
- Abtönfarbe in Blau und Weiß
- Heißklebepistole und Klebstoff

Anleitung

Zunächst sägen Sie Schneemänner und Wolken aus. Schmirgeln Sie die Teile glatt, und bohren Sie die Löcher. Die Teile werden von beiden Seiten bemalt.

Nachdem die Farbe getrocknet ist, malen Sie die Konturen der Schneemänner mit Lackstift. Die Zylinder werden ebenfalls mit Lackstift ausgemalt. Kleben Sie vorn und hinten die Wackelaugen auf.

Kleben Sie nun auseinandergezupfte Watte auf die Wolken. Das längste Satinband knoten Sie an die oberste Wolke.

Mit den restlichen Satinbändern verbinden Sie die einzelnen Holzelemente, wobei Sie die Perlen mit aufziehen. Orientieren Sie sich dabei an der Abbildung.

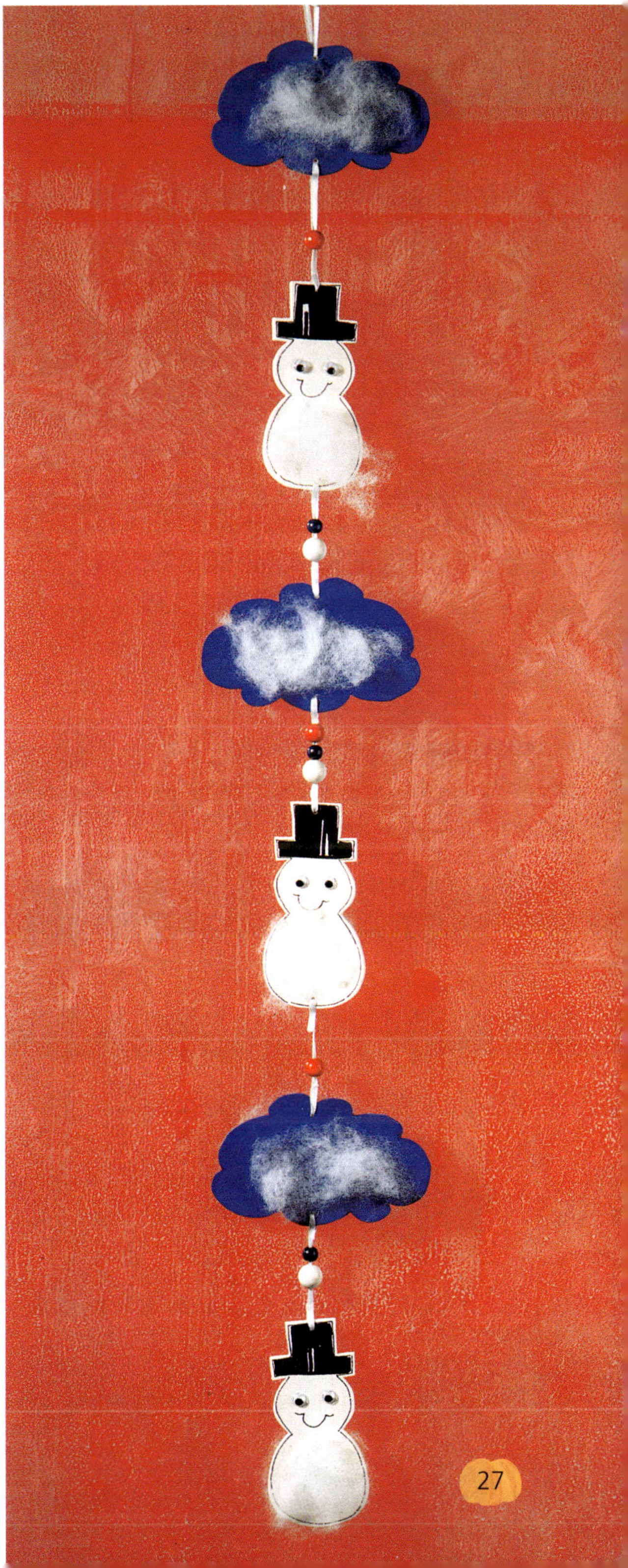

15. Schneemann

Material

- Sperrholz, Ø 8 mm
- Moosgummi in Schwarz
- Watte
- Juteband in Blau, ca. 70 cm lang
- Satinband in Blau, 3 mm breit und 30 cm lang
- 2 Tannenzapfen
- Heu und 2 Bambusstäbe, je ca. 30 cm lang
- dünner Draht
- 2 Holzklötze, je 3,5 x 4,5 cm und 1,5 cm hoch
- Lackstifte in Weiß und Schwarz
- Abtönfarbe in Weiß
- Heißklebepistole und Klebstoff
- 2 Holzstreusterne in Blau

Anleitung

Sägen Sie den Schneemann aus, und schleifen Sie das Holz. Vergessen Sie nicht, das Loch durch den linken Arm zu bohren. Anschließend streichen Sie den Schneemann weiß. Malen Sie auch die beiden Holzklötze an. Der Schneemann wird von vorn und hinten gestaltet. Nach dem Trocknen der Farbe konturieren Sie ihn mit schwarzem Lackstift und malen sein Gesicht sowie Arme und Knöpfe. Fixieren Sie nun die Holzklötze jeweils rechts unten, so erhält der Schneemann Stand.

Schneiden Sie zwei Zylinder aus Moosgummi aus, und zeichnen Sie die Konturlinien mit weißem Lackstift. Anschließend kleben Sie die Zylinder auf Vorder- und Rückseite auf. Binden Sie dann das Juteband als Schal um den Hals. Für die Besen auf Vorder- und Rückseite bündeln Sie das Heu mit Draht, geben etwas Heißkleber auf jeden Bambusstab und schieben die Stäbe in die beiden Heubündel. Kleben Sie die Tannenzapfen auf die Holzklötze, und befestigen Sie die Besen. Zum Schluss kleben Sie die auseinandergezupfte Watte auf und ziehen das Satinband durch den linken Arm. Knoten Sie je einen Streustern an jedes Bandende.

16. Weihnachtswichtel

Material
- Sperrholz, Ø 4 mm
- Holzstab, 30 cm lang
- Juterest in Rot, Naturbast
- Styroporkugel in Rot oder rote Beere, Ø 2 cm
- 2 Wackelaugen, Glöckchen
- weihnachtliche Holzstreuteile
- 3 kleine Metallkügelchen in Rot
- Lackstift in Schwarz
- Heißklebepistole und Klebstoff
- Abtönfarbe in Hautfarben
- Nähnadel und Goldfaden

Anleitung

Für diesen Blumenstecker sägen Sie den Kopf aus. Schleifen Sie ihn glatt, und tragen Sie die hautfarbene Grundfarbe von vorn und hinten auf. Lassen Sie die Farbe trocknen, und malen Sie dann die Konturen mit Lackstift. Kleben Sie Augen und die Styroporkugel als Nase an. Für den Bart schneiden Sie ca. 28 cm lange Bastfäden zu, die Sie zu je sechs Fäden bündeln und in der Mitte verknoten. Kleben Sie diese Bündel mit der Heißklebepistole am Kinn fest. Legen Sie ca. 5 cm lange Baststücke über Kreuz, und fixieren Sie sie als Augenbrauen. Schneiden Sie 9 cm lange Bastfäden zu, und umwickeln Sie sie in der Mitte mit Bast. Dieses Bündel kleben Sie als Oberlippenbart auf. Schneiden Sie die Mütze nach dem Muster des Vorlagebogens zu. Hinten schließen Sie sie mit Heißkleber. Knicken Sie die Spitze zur Seite, und kleben Sie sie fest. Anschließend befestigen Sie die Jutemütze am Kopf. Nähen Sie das Glöckchen an die Zipfelmütze, und kleben Sie einen Streustern auf die Mütze. Die restlichen Streuteile sowie die Metallkügelchen kleben Sie auf den Bart.

17. Nikolausstiefel

Material

- ✦ Sperrholz, Ø 4 mm
- ✦ Dekoband in Rot, 1 cm breit und 65 cm lang
- ✦ Schleifenband, 4 cm breit und 60 cm lang
- ✦ Satinband in Grün, 5 mm breit und 50 cm lang
- ✦ Satinband in Hellblau, 3 mm breit und 90 cm lang
- ✦ Holzanhänger und Tannenzapfen
- ✦ Buchsbaum oder Tannenzweig aus Textil
- ✦ 4 Holzperlen in Gold und 1 Holzperle in Blau, Ø 7 mm
- ✦ 1 Holzperle in Rot, Ø 10 mm
- ✦ Feenhaar in Blau, Watte
- ✦ Heißklebepistole
- ✦ Lackstift in Gold, Abtönfarbe in Rot

Anleitung

Sägen Sie den Stiefel aus, und schleifen Sie ihn glatt. Bohren Sie zwei Löcher für die Aufhängung. Dann streichen Sie ihn von beiden Seiten rot an. Ziehen Sie auf der Vorderseite mit Lackstift eine goldfarbene Konturlinie, nachdem die rote Grundfarbe getrocknet ist. Ziehen Sie das Dekoband durch die Bohrlöcher, und verknoten Sie es auf der Rückseite. Kleben Sie die Dekoschleife über dem rechten Bohrloch mit der Heißklebepistole fest. Die Satinbänder knoten Sie an das rote Band der Aufhängung. Knoten Sie Holzanhänger, Textilzweige und Tannenzapfen an das grüne Satinband. Die Holzperlen ziehen Sie auf das blaue Band. Eine kleine Weihnachtsfigur schmückt die Stiefelspitze. Zupfen Sie ein wenig Watte auseinander, und kleben Sie sie zu kleinen Fleckchen auf.